AF440409

HISTOIRE

DE LA VIE ET DES TRAVAUX

DE

PHILIPPE-ÉTIENNE LAFOSSE.

HISTOIRE

DE LA VIE ET DES TRAVAUX

DE

PHILIPPE-ÉTIENNE LAFOSSE,

HIPPIATRE;

PAR

M. Arm. GOUBAUX,

Professeur à l'École impériale vétérinaire d'Alfort,
Président de la Société impériale et centrale de médecine vétérinaire.

LUE A LA SOCIÉTÉ IMPÉRIALE ET CENTRALE DE MÉDECINE VÉTÉRINAIRE

DANS SA SÉANCE DU JEUDI 12 NOVEMBRE 1857.

PARIS.

TYPOGRAPHIE DE EUGÈNE PENAUD,

10, RUE DU FAUBOURG-MONTMARTRE.

1857.

HISTOIRE

DE LA VIE ET DES TRAVAUX

DE

PHILIPPE-ÉTIENNE LAFOSSE.

Messieurs,,

Depuis la fondation des Ecoles vétérinaires, et pendant une longue suite d'années, les réunions annuelles qui s'y tiennent n'ont pas eu seulement pour but de récompenser le zèle et l'application des élèves, elles ont encore eu celui de traiter en public des questions importantes sur les différentes branches qui sont enseignées dans ces établissements.

Plus tard, ce double but a dû être modifié. Pour rendre hommage à la mémoire des membres du corps enseignant des Ecoles, les séances solennelles ont été consacrées à faire l'histoire de leurs travaux : on a montré ainsi aux élèves la ligne suivie par leurs maîtres, les travaux qu'ils avaient accomplis, les qualités diverses dont ils étaient doués, et tout ensemble les modèles qu'ils avaient à imiter.

Les Notices historiques et les Éloges qui ont été lus dans ces solennités sont des documents précieux, qui renferment l'histoire de notre profession.

Je me propose d'ajouter aujourd'hui quelques pages à cette histoire.

Vers le milieu du siècle dernier, deux hommes, justement célèbres par leurs études et par leurs connaissances spéciales, ont préparé l'institution des Ecoles vétérinaires en France, et de là dans presque toutes les parties de l'Europe. L'un, Claude Bourgelat, ancien avocat, chef de l'académie d'équitation de Lyon, eut la gloire d'en être le fondateur ; l'autre, Lafosse, resta étranger à ces établissements, mais se fit remarquer par de nombreux travaux qui lui valurent l'estime des savants.

Dans plusieurs circonstances, Bourgelat a fait l'objet soit de notices, soit de discours dans lesquels on a fait ressortir l'importance et la valeur des travaux dont il a doté la vétérinaire. Lafosse, au contraire, a été laissé presque dans l'ombre.

Pourquoi cette sorte de déni de justice? Je n'en ai jamais compris la cause. Aussi, dans l'intention de rendre à Lafosse les justes éloges qu'il a.

mérités, je me propose de vous présenter l'histoire de sa vie et de ses travaux.

Puissé-je, Messieurs, mériter votre bienveillance ; j'ai besoin de m'appuyer sur elle pour accomplir le devoir que je me suis imposé ! Puissé-je aussi rendre dignement hommage à la mémoire de ce savant !

Philippe-Etienne LAFOSSE naquit à Paris en 1738 ; il était fils d'Etienne-Guillaume Lafosse, qui lui-même descendait d'un homme habile et expérimenté dans la vétérinaire (1). Lafosse père était maréchal des écuries du roi.

Cet exemple de la filiation d'une aptitude spéciale pourrait ne pas être négligé par quelques panégyristes, et je ne le négligerais pas moi-même, si je pouvais admettre que les facultés intellectuelles, comme les instinctives, sont héréditaires. Insister à cet égard serait, sans doute, parcourir une voie bien périlleuse, car la réflexion me conduit à ce résultat que, si d'un côté on trouve à établir des règles, d'un autre côté elles disparaissent sous de trop nombreuses exceptions. Mais, si l'affirmative, qui me paraît téméraire, pouvait être admise, quel argument ne serait-ce pas en faveur de Philippe-Etienne ?

Etienne-Guillaume reçut des leçons de son père ; il marcha d'abord sur ses traces, puis le surpassa, car il fit faire des progrès à sa profession (2) : les divers mémoires qu'il soumit au jugement de l'Académie des sciences, les rapports dont ils furent l'objet et les traductions qui furent faites de plusieurs d'entre eux, disent assez, et à la fois, quelle était leur importance et tout l'intérêt que le public y attachait.

Les travaux dont il s'occupait lui démontrèrent bientôt les vides nombreux qui restaient à combler ; aussi désira-t-il que l'aîné de ses enfants embrassât la même profession. Or, celui-ci était Philippe-Etienne.

Etienne-Guillaume se montra d'une grande prévoyance à l'égard de son fils ; il s'efforça de lui faire acquérir non-seulement les connaissances indispensables pour les études scientifiques, mais encore les divers talents d'agrément qui forment les hommes et les façonnent aux habitudes de la société : comme le laboureur dont parle La Fontaine, il fit voir à son fils

« Que le travail est un trésor. »

Voici, en effet, ce que rapporte Philippe-Etienne à cet égard :

« Pour le rendre plus capable de répondre à ses vœux, il voulut que son fils commençât par apprendre la langue latine et qu'il suivît le cours ordinaire de ses études ; ce que je fis au collége d'Harcourt, où j'achevai mes humanités.

---

(1) Voir NOTE I.
(2) Voir NOTE II.

« Quelque temps après que mes études fussent finies, mon père me prit en particulier, et après m'avoir proposé différents états, et montré l'honneur que je pouvais obtenir en exerçant le sien, j'embrassai sans hésiter celui de mes aïeux. J'avais lors treize ans. »

On pourra sans doute avoir quelque peine à comprendre aujourd'hui que Philippe-Etienne ait pu commencer des études scientifiques à un âge si peu avancé, mais je ne veux établir aucune comparaison, sous le rapport des études classiques, entre cette époque et la nôtre.

Philippe-Etienne n'avait pas encore fini cependant ; il avait pris la résolution de suivre la même carrière que son père : celui-ci devait commencer à lui faire prendre une nouvelle direction. C'est encore lui qui va nous la faire connaître.

« Pour me rendre habile dans toutes les parties de l'hippiatrique et de la maréchalerie, dit Lafosse, il me fit passer par tous les grades, et me mit d'abord à la forge...... Quoiqu'il eût chez lui garçons et domestiques, il voulut que je couchasse dans une écurie, afin que j'apprisse à connaître parfaitement les chevaux, en les suivant nuit et jour ; il voulut encore que j'étrillasse ceux qui lui appartenaient, et même tous les éclopés qui étaient dans sa maison. Il était même défendu à qui que ce fût de m'aider, bien que j'eusse souvent sept à huit chevaux à soigner tous les matins. Je vaquai à cet emploi, qui paraît vil et abject, pendant plus d'un an, et je devins bon palefrenier.

« De l'écurie, je passai ensuite à la forge comme apprentif, où, durant deux ans, je m'appliquai à manier le fer, et à le dresser sous le marteau pour lui donner différentes formes.

« J'appris en même temps l'anatomie humaine sous M. Royer, prévôt du célèbre M. Ferrein.

« Mon père voulut aussi que je sçusse monter un cheval ; je fus donc instruit dans cet art par M. Dugard.

« A ces connaissances, il jugea à propos que j'en joignisse d'autres, telles que l'exercice des armes, le dessin, l'étude de la langue anglaise, la géographie, la musique instrumentale et l'histoire naturelle.

« Quand mon père crut s'apercevoir que j'avais assez d'instructions préliminaires sur les causes et les signes des maladies des chevaux, et pour le traitement des plaies, je l'accompagnai partout, et bientôt je fis même sous ses yeux toutes sortes de pansements et d'opérations. Mais je ne me bornai point là ; je suivis les différents cours de M. Ferrein et m'occupai sérieusement de l'anatomie comparée. Ainsi, je fréquentai les voieries, où les équarrisseurs furent mes premiers démonstrateurs pour celle du cheval.

« Déjà versé dans l'anatomie humaine, je tirai peu de secours de leurs leçons ; mais je profitai sur les cadavres qu'ils laissaient sur les lieux, en disséquant tantôt une partie, tantôt une autre ; en examinant l'effet des maladies qui avaient causé la mort des animaux ; — c'est là que j'ai pu amasser nombre de pièces curieuses qui démontrent d'une manière précise la nature et le siége des différentes affections, et les délabrements qu'elles avaient occasionnés. C'est par l'inspection de ces pièces que j'ai découvert nombre d'erreurs qui défiguraient l'hippiatrique. »

Je me suis plu à rapporter textuellement ce qui précède pour montrer que Guillaume-Etienne Lafosse, comme tous les bons esprits en général, comprenait qu'une bonne éducation première est indispensable pour qu'on puisse s'occuper avec fruit de l'étude des sciences, quelles qu'en soient, du reste, les applications. Or, à cette époque, la vétérinaire n'existait pas encore, ou plutôt ses diverses parties étaient dispersées ; il fallait d'abord les réunir, et ensuite les perfectionner.

Dans l'espace de cinq ans (de 1751 à 1756) Philippe-Etienne avait terminé ses études premières et fait son éducation professionnelle ; il avait déjà professé quelques parties de la médecine humaine, qu'il avait cultivée, à des étudiants ses condisciples, et ainsi il s'était mis à même d'acquérir l'habitude de transmettre aux autres ses idées et ses connaissances personnelles : on verra bientôt qu'il en retira une grande utilité.

Je viens de dire quelles difficultés il eut à surmonter, quels détours il fut obligé de parcourir : mais si le chemin fut long, il n'en fut pas moins bon, moins sûr pour arriver au but.

Ses études professionnelles étaient à peine terminées, — car il n'avait encore que dix-huit ans, — que Lafosse fut chargé de démontrer l'anatomie du cheval aux chevaux-légers. Ce cours avait lieu tous les dimanches à Versailles. Dans l'intervalle de ces leçons, Lafosse faisait un autre cours, à Paris et dans la maison de son père, à des maréchaux.

C'est peut-être le premier enseignement qui fut fait de l'anatomie du cheval, et ce n'est pas à négliger pour l'histoire de la vétérinaire, qui devait un jour prendre rang parmi les sciences, mais dont les éléments étaient encore aussi épars qu'à l'époque où Bacon de Vérulam en dressait le tableau synoptique. L'époque dont je parle était cependant encore assez éloignée ; les hommes qui ont préparé l'élévation de la vétérinaire devaient, par leurs travaux, non-seulement perfectionner ceux de leurs devanciers, mais ils devaient encore les compléter en portant leur attention sur les différentes branches dont elle se compose.

Philippe-Etienne ne resta pas stationnaire ; il comprit que, dans les sciences, c'est reculer que de ne pas avancer ; mais il eut le même tort que ses devanciers et que beaucoup de ses contemporains, c'est-à-dire qu'il s'occupa du cheval exclusivement, et méconnut en quelque sorte l'importance d'études plus générales qui pouvaient seules établir la *vétérinaire* sur les bases où elle est assise aujourd'hui et déjà depuis longtemps : Lafosse ne fit donc que de *l'hippiatrique.*

Le premier travail que publia Lafosse fut un mémoire assez court qu'il adressa à l'Académie des sciences le 23 décembre 1757, et qui fut examiné par Morand et Buffon. Ce travail avait pour but de détruire une erreur qui était encore accréditée, à savoir : que la morsure de la musaraigne (1) occasionne une maladie grave chez le cheval. Les études de Lafosse ont démontré que la musaraigne ne peut ni piquer ni mordre, et que la maladie qui était considérée par Solleysel et par Garsault comme le résultat de la piqûre ou de la morsure de cet animal n'est autre chose qu'une des formes du charbon, dont le siége est en apparence à la face interne de la cuisse.

J'ai à peine besoin d'ajouter que, dès lors, mieux éclairés, tant sur les causes que sur la nature de cette maladie, les praticiens ont retiré pour son traitement une grande utilité des recherches que Lafosse avait entreprises à son égard.

Les diverses fonctions que Lafosse avait déjà remplies avaient attiré sur lui l'attention ; aussi, vers la fin de 1758, il reçut du ministre de la guerre « l'ordre de se rendre à l'armée pour y visiter les régiments de cavalerie dont les chevaux étaient attaqués de la morve. »

Personne ne pouvait mieux que lui remplir cette difficile et honorable mission ; il méritait bien la confiance que le ministre plaçait en lui, et vous allez voir, Messieurs, qu'il sut le prouver par des faits.

Il se trouva alors et successivement en rapport avec plusieurs hauts personnages qui commandaient les divers corps d'armée situés au nord et à l'est de la France, et quelques-uns d'entre eux cherchèrent à le retenir près d'eux pour faire campagne.

Dans les diverses phases de sa mission, Lafosse se fit remarquer par les services qu'il rendit à l'Etat, et dont je rappellerai ici les principaux.

On avait l'habitude de brûler les selles, les brides, et généralement tous les objets qui avaient servi aux chevaux morveux ; Lafosse démontra tout l'abus de cette pratique, diminua les pertes, et partant fit éviter les dépenses qu'elle occasionnait. Ce que Lafosse a fait le premier se fait encore aujourd'hui. Et si, Messieurs, je cherche à bien faire sentir en ce moment ce que cette réforme avait et a d'importance, c'est que la sage économie des deniers publics, quelle que soit la chose sur laquelle elle s'effectue, est un bienfait qui s'applique à la généralité des citoyens. Or, depuis que cette réforme a été mise en pratique, quelles sommes considérables n'ont pas été économisées ?

Cette mission lui fournit l'occasion de montrer à un grand nombre de

---

(1) Voir Note III.

personnages de distinction le siége du mal et les ravages qu'il avait occasionnés ; aussi reçut-il de leur part des témoignages de satisfaction. Il en profita aussi pour former à la pratique un bon nombre de maréchaux, dont les services ne pouvaient que gagner beaucoup.

Cette première mission n'était remplie et Lafosse n'était revenu à Paris que depuis peu de temps, lorsqu'il fut appelé à rendre de nouveaux services à l'armée. Il se rendit aux carabiniers en 1759, et fit campagne avec eux.

L'année suivante, il fut appelé dans les mêmes circonstances à la Légion royale. Enfin, il revint à Paris pour y continuer ses études médicales et se perfectionner dans la connaissance exacte du cheval.

Au mois d'avril 1761, il lut à l'Académie des sciences une *Dissertation sur la morve dès chevaux*, dans laquelle il combattit les erreurs et les préjugés que les maréchaux persistaient encore à soutenir, malgré les travaux qu'avait publiés son père en 1749 et 1752. Ce travail était remarquable sous plus d'un rapport au moment où il parut.

Je me suis attaché jusqu'à présent à l'ordre chronologique pour tracer l'histoire de la vie et des travaux de Lafosse ; j'arrive, en suivant ce même ordre, à une époque qui pouvait avoir pour lui les plus heureuses conséquences ; j'aurai soin de m'arrêter quelque temps sur le grand fait qui allait s'accomplir : je veux parler de l'institution des Ecoles vétérinaires.

Quelques pages plus haut, j'ai dit que la vétérinaire n'existait que de nom et qu'elle était tout entière à instituer ; elle n'était encore l'objet d'aucun enseignement, et toute sa pratique consistait le plus ordinairement en un grossier empirisme. On voit avec peine un fait semblable s'exercer encore dans les campagnes par un nombre beaucoup trop considérable d'ignorants, bien que près de cent ans se soient déjà écoulés depuis l'institution des Ecoles vétérinaires.

A l'époque dont je parle, l'attention se portait avec beaucoup d'intérêt sur l'agriculture en général, et sur les moyens de conserver et d'améliorer les animaux domestiques. En effet, à plusieurs reprises, depuis le commencement du dix-huitième siècle, des maladies épizootiques avaient décimé le bétail (typhus — en 1714 ; puis de 1740 à 1750) et porté la désolation dans les campagnes. Ces fléaux pouvaient avoir les plus terribles et les plus affreux résultats en anéantissant les ressources fournies par l'agriculture.

Buffon, l'un des plus grands génies qui honorent la France, n'avait pu cacher ses regrets de ce que la médecine vétérinaire avait été abandonnée jusqu'alors, et avait essayé de montrer, en quelques lignes, les grands avantages qu'on en pouvait retirer (1).

____

(1) Voir Note IV.

Tout appelait l'attention spéciale du gouvernement, qui ne tarda pas à répondre au vœu des populations : un arrêt du conseil d'Etat du roi en date du 5 août 1761 portait qu'il était permis « *à M. Bourgelat d'établir* « *à Lyon une Ecole qui eût pour objet la connaissance et le traite-* « *ment des maladies des bœufs, chevaux, mulets, etc.* »

Y a-t-il eu, en dehors de celles que je viens de rappeler, des circonstances qui firent que cette première Ecole fut instituée plutôt à Lyon, qu'à Paris ou ailleurs ? C'est là une chose que j'ignore. L'Ecole de Lyon s'ouvrit le 1er janvier 1762.

Arrêtons-nous quelques instants sur la création de cet établissement.

Bourgelat, qui venait d'en être nommé le créateur, s'était préparé depuis longtemps à remplir les fonctions dont venait de l'investir le gouvernement : il avait fait de belles études littéraires ; il avait exercé quelque peu dans le barreau et s'y était fait distinguer ; puis, il s'était adonné exclusivement à l'équitation, et était devenu le chef de l'Académie de Lyon.

Dans ces dernières conditions, il avait voulu réaliser ce que d'autres, beaucoup moins bien placés sous tous les rapports, recherchent encore aujourd'hui : il avait voulu allier la science à l'art, et les ouvrages qu'il avait déjà publiés étaient de solides garanties pour le présent et pour l'avenir.

Bourgelat avait alors quarante-neuf ans. Philippe-Etienne Lafosse n'en avait que vingt-trois.

En leur supposant un mérite égal, je ne crois pouvoir expliquer que par cette différence d'âge la préférence qui fut donnée à Bourgelat sur Lafosse ; et, du reste, il serait difficile de l'interpréter autrement, car on ne trouve aucun document, ou du moins je n'en connais aucun qui s'y rapporte. J'ai dû faire ressortir ce fait ici pour montrer que plusieurs biographes (1) sont tombés dans l'erreur, et qu'ils ont confondu des époques différentes. J'y reviendrai tout à l'heure.

L'Ecole vétérinaire avait été établie à Lyon ; la capitale et l'armée ne pouvaient guère profiter de l'instruction des élèves qui y suivaient les cours ; peut-être aussi que leur nombre n'était pas assez considérable pour répondre au besoin qui se faisait sentir de leurs lumières dans les campagnes : le gouvernement devait créer un nouvel établissement, bien qu'il n'en eût pas l'idée bien arrêtée d'abord.

En effet, « en 1764, M. le duc de Choiseul, ministre de la guerre, reçut du roi l'ordre d'établir à Paris une Ecole de maréchalerie, pour les maréchaux des régiments de cavalerie, et généralement pour les troupes montées. »

Ce ministre, « qui connaissait parfaitement Lafosse, le fit appeler, et lui

---

(1) Voir Note V.

demanda un plan d'instruction et de localité convenable à instruire les élèves et à les loger. » Ce plan lui fut remis dès le lendemain, mais la réponse se fit attendre assez longtemps, car ce ne fut qu'au bout de deux mois que le ministre, après avoir lu et médité le plan de Lafosse, lui dit que cette Ecole pourrait être établie soit aux Invalides, soit à l'Ecole militaire.

Les choses en étaient là, lorsque Louis XV établit un cinquième ministère. Bertin, qui fut nommé pour l'occuper, fit créer un nouvel établissement à Alfort, et Bourgelat, son ami, devint alors inspecteur général des Ecoles royales vétérinaires, et directeur de celle d'Alfort.

Philippe-Etienne Lafosse ne fut pas appelé à faire partie du corps enseignant du nouvel établissement. Le plan qu'il avait soumis à l'appréciation du ministre de la guerre, et que celui-ci avait paru approuver, était complétement oublié. Qu'allait-il devenir ?

C'est de cette époque, dit Lafosse, que datent ses premiers malheurs, qui se traduisirent par des calomnies sans fin, qui durèrent jusqu'au commencement de la révolution, et qui recommencèrent deux ans après.

Plusieurs biographes ont répété les plaintes amères de Lafosse ; d'autres ont pris à tâche de les montrer au public et d'en attribuer les causes à des raisons que je ne puis et ne dois pas répéter ici.

Quels qu'aient été les motifs qui ont éloigné l'un de l'autre, Bourgelat et Lafosse, motifs regrettables sous tous les rapports, nous devons les déplorer. Par leur collaboration, combien les travaux de ces deux hommes qui apparaîtront à la postérité, je ne dirai pas comme les restaurateurs de la médecine vétérinaire, mais bien comme ses deux créateurs, combien leurs travaux, dis-je, n'auraient-ils pas été plus nombreux, plus variés, plus importants ?

Pour ne plus revenir désormais sur un sujet qu'il m'est pénible même d'effleurer, et dans la crainte de ne pas les traduire et de ne pas les montrer dans leur véritable jour, je n'essayerai pas de rechercher quels ont été les motifs de cette division. Au reste, qui les connaît aujourd'hui, et qui pourra jamais les connaître ? Je me bornerai à dire, après avoir consulté leurs ouvrages et les publications du temps, que leurs torts ont été réciproques.

Une fois éloigné des Ecoles vétérinaires, Lafosse reprit ses travaux, fit de nouveaux efforts, et prépara un ouvrage considérable qu'il destinait à ses élèves : cet ouvrage est le *Guide du maréchal,* qui parut en 1766.

Le *Guide du maréchal* se compose des diverses parties de l'hippiatrique, c'est-à-dire de l'anatomie, de la pathologie, de la chirurgie et de la ferrure ; il est orné de dix planches gravées qui, en complétant le texte, le rendent plus facile à comprendre. Ce livre dut rendre de grands services ; on le lit encore aujourd'hui avec beaucoup d'intérêt, car Lafosse s'y est efforcé de détruire les erreurs et les absurdités qui règnaient alors, et de leur substituer les principes raisonnés qu'il pouvait déjà déduire de ses observations personnelles.

Comme ce livre répondait à un très-pressant besoin, la première édition en fut enlevée rapidement ; il en eut une nouvelle, mais déjà il avait été l'objet de deux contrefaçons dont Lafosse nous a fait connaître les défauts : « elles sont tronquées, dit-il, remplies de fautes, et souvent d'omissions intentionnelles. »

En 1767, Lafosse, se mettant au-dessus de toutes les calomnies que lançaient contre lui quelques auteurs périodiques, ouvrit un cours d'hippiatrique, dans un amphithéâtre qu'il fit construire à ses frais, et en divisa les leçons en deux parties : l'hiver, il démontrait l'anatomie ; l'été, il enseignait la pathologie. Ce cours, qui fut suivi par les maréchaux et par tous ceux qui désiraient acquérir de sérieuses connaissance en hippiatrique, eut lieu jusqu'en 1770.

Les motifs qui forcèrent Lafosse à ne plus faire de leçons publiques sont faciles à comprendre : il préparait un grand ouvrage ; il était obligé de faire lui-même ses préparations anatomiques et de surveiller l'exécution des gravures qui devaient les représenter. Il n'en fallait pas moins pour l'obliger à suspendre son enseignement. Cependant, il donna en 1768 deux planches gravées sous le titre de : *Les clavicules du cheval*. Ces deux planches, dont l'une représentait l'anatomie et l'autre les maladies des chevaux, étaient principalement destinées à faciliter les élèves qui suivaient les leçons de Lafosse.

En 1772, Lafosse fit paraître son *Cours d'hippiatrique*, magnifique ouvrage in-folio qui renferme soixante-cinq planches gravées où il a fait représenter l'anatomie physiologique, beaucoup de pièces d'anatomie pathologique et tous les instruments qui étaient alors employés dans la pratique. Le texte de ce livre embrasse successivement l'anatomie, l'hygiène, la pathologie, la chirurgie et la maréchalerie.

Cet ouvrage est un véritable monument qui montre aujourd'hui et montrera à nos descendants ce que peuvent accomplir à la fois la persévérance, l'amour de la science et celui du bien public.

Lafosse le fit exécuter à ses frais.

On regrette de trouver, presque à chaque page de cette belle œuvre, les notes dans lesquelles Lafosse s'applique à redresser des erreurs commises par Bourgelat, et à lui reprocher des inexactitudes. Sans doute que Lafosse est souvent fondé dans les rectifications qu'il indique ; sans doute qu'il avait des raisons pour les faire en des termes sévères, mais il est fâcheux que ces termes soient quelquefois trop durs.

Quoi qu'il en soit, on lira toujours avec intérêt les belles pages de cet ouvrage, dans lequel Lafosse a pour ainsi dire résumé tout ce qui était alors acquis à l'hippiatrique, et [les nombreuses observations qui lui étaient personnelles.

Cet ouvrage se répandit bientôt en Europe, et il valut à son auteur les témoignages les plus flatteurs de plusieurs savants. En France, il n'en fut pas tout à fait de même, car peu de temps après sa publication, un journaliste — et il s'en trouverait encore de semblables aujourd'hui — un journaliste, qui ne connaissait absolument rien de la matière qu'avait traitée Lafosse, s'exprimait en ces termes sur la valeur de cette œuvre : « Le public est averti qu'il vient de paraître un ouvrage intitulé : *Cours d'hippiatrique*. Qu'on ne se laisse pas séduire par les titres fastueux dudit ouvrage, et qu'on ne s'en prenne pas aux Ecoles de ses mauvais succès; l'auteur est désavoué des Ecoles, n'y ayant jamais mis les pieds. »

Ce journaliste était Jean Fréron ; son nom seul aurait dû rendre Lafosse moins sensible à la nouvelle calomnie qu'il avait à supporter.

Cependant Lafosse continua à travailler. Le typhus, cette redoutable maladie qui, depuis le commencement du siècle, avait porté plusieurs fois la désolation et la ruine dans les campagnes, venait de reparaître en France (1773), et il ravageait encore la Hollande, lorsqu'il publia dans la *Gazette d'agriculture de Deux-Ponts* un *Mémoire sur les maladies épizootiques*.

Un autre ouvrage de longue haleine, et auquel il travaillait depuis longtemps, ne devait pas tarder à être publié; il parut en 1775, sous le titre de : *Dictionnaire d'hippiatrique*.

Cet ouvrage, dans lequel l'auteur a suivi l'ordre alphabétique, ne pouvait qu'être fort utile aux élèves vétérinaires (1) : en effet, ceux-ci n'avaient encore que peu de livres classiques, et ils pouvaient trouver dans celui-ci toutes les choses indispensables à leur instruction ; car, outre l'anatomie, la pathologie, la chirurgie et la ferrure, Lafosse s'y était occupé d'équitation, de manége et des haras, en consultant l'*Ecole de cavalerie* de La Guérinière, qu'il cite toutes les fois qu'il lui emprunte un passage. Je n'aurais rien dit à ce sujet, Messieurs, si cet acte de haute convenance ne faisait de la part de quelques-uns, heureusement peu nombreux, l'objet d'un blâme qu'ils adressent à ceux qui ont l'habitude honnête de rendre à chaque auteur ce qui lui appartient. Il y a des gens qui aiment mieux avoir fait des découvertes que de les rapporter à ceux qui les ont faites. Je n'insisterai pas davantage sur cette manière d'agir, que je saisis l'occasion de blâmer, et que vous blâmez vous-mêmes.

Les amis de la science et ceux qui la cultivent liront toujours avec fruit le *Dictionnaire d'hippiatrique ;* ils y trouveront beaucoup de bonnes

---

(1) Voir Note VI.

observations et de sages conseils pour les diriger soit dans leurs études, soit dans la pratique. Pour les étudiants, Lafosse pose en principe qu'ils doivent être instruits de l'anatomie, de la physiologie et de pathologie, et il dit ce qui suit :

« Avec ces connaissances, on risque moins de s'égarer, et si l'on y joint les observations déjà faites, et celles qu'on peut faire soi-même, on possèdera tout ce qu'il faut pour être véritablement hippiatre, et mériter un jour la confiance et l'estime du public, récompense flatteuse et bien digne de l'ambition d'un homme raisonnable : l'espoir de les mériter un jour soutient dans les travaux, soutient dans les disgrâces, émousse les traits de la jalousie, encourage à imaginer de nouveaux moyens de guérison, anime à faire des expériences et des tentatives toujours utiles, quels qu'en soient les succès, et dédommagent amplement l'artiste du sacrifice qu'il a fait de ses peines, de ses veilles, de ses sueurs, de sa fortune même. »

Je regrette de ne pouvoir multiplier ici les extraits de cet ouvrage remarquable. Continuons.

Les auteurs qui ont donné la biographie de Lafosse s'accordent à dire qu'il fut forcé de s'expatrier pour échapper aux vexations dont il était l'objet : cette expatriation, disent-ils, dura depuis 1777 jusqu'en 1781.

Je n'ai pu vérifier l'exactitude de cette assertion, et Lafosse lui-même, qui avait tant de bonnes raisons pour ne pas laisser ignorer ce fait, ne l'a même pas mentionné dans le dernier ouvrage qu'il publia vers la fin de sa vie.

Quoi qu'il en soit, en 1781 Lafosse reparut, et il occupa successivement les places de vétérinaire en chef des voitures de la Cour, des carabiniers et de la gendarmerie, dont il remplit les fonctions pendant quelques années.

En 1788, il communiqua à la Société royale des sciences (le 25 juillet) des *Observations sur l'accouchement de la jument*. Ce nouveau travail a encore aujourd'hui tout autant d'importance qu'à l'époque où il parut, car si Rainard l'eût connu, ou plutôt s'il y eût pensé, il n'aurait certainement pas commis une erreur et donné un dangereux conseil, dans son ouvrage sur la *Parturition des principales femelles des animaux domestiques*.

Les études de Lafosse le conduisirent en effet à cette conclusion : « qu'on peut faciliter la mise-bas des femelles, en procurant seulement une élévation, un écartement de l'os sacrum, quoique l'os sacrum ne puisse s'écarter des os des îles, et qu'il ne se fasse aucun amollissement des os, ainsi que le prétendent ceux qui admettent la section de la symphyse. » J'ajoute, comme complément, que les conclusions de ce travail étaient les mêmes que celles qu'il avait indiquées déjà en 1770, à l'Académie de chirurgie, dans la séance où l'illustre Louis donnait communication d'une lettre d'un chirurgien suédois qui proposait l'opération de la symphyse dans tous les accouchements laborieux.

Nous arrivons, Messieurs, à une époque glorieuse, mais où les événements qui s'accomplirent eurent pour un trop grand nombre les plus terribles conséquences. Lafosse devait y trouver aussi ses malheurs !

Prit-il quelque part à ces événements? Plusieurs biographes l'affirment, mais on a beaucoup de raisons pour en douter. En effet, les *motifs* qui l'auraient fait agir sont très-probablement controuvés, car Lafosse, qui a laissé tant de notes, tant de renseignemeuts sur les différents actes de sa vie, n'a pas fait, nulle part, même une allusion à cet égard (1).

Au milieu de la tourmente révolutionnaire, Lafosse continuait à exercer les fonctions diverses dont j'ai fait précédemment l'énumération, et il travaillait encore au perfectionnement de l'hippiatrique, car il lut le 21 janvier 1790, à la Société d'agriculture, un mémoire qui avait pour titre : *Observation et découverte d'un nouveau siége de la morve.*

Le nouveau siége de la morve que Lafosse faisait connaître n'est autre chose que la collection purulente des poches gutturales. On trouve dans ce mémoire, outre des observations intéressantes, un procédé opératoire nouveau pour vider complétement ces dilatations de la trompe d'Eustache qui sont particulières aux solipèdes. A la vérité, c'est une opération qui se pratique rarement, mais dont le mérite de l'invention revient entièrement à Lafosse. Dans ces dernières années, M. Günther, directeur de l'Ecole vétérinaire de Hanovre, a eu la même idée ; j'ai déjà eu l'occasion de le rappeler dans un de mes rapports à la Société vétérinaire (2).

La réputation de Lafosse avait continué à s'accroître : c'était ce qu'il avait toujours désiré d'obtenir ; mais avec elle devaient aussi se renouveler et même s'augmenter ses chagrins.

Le 27 septembre 1791, le chef du bureau des mouvements de la guerre vient annoncer à Lafosse que Sa Majesté Louis XVI venait de le nommer inspecteur général des remontes de la cavalerie, et qu'il serait responsable des livraisons qui seraient faites aux inspecteurs des dépôts qu'il aurait sous sa direction, et Lafosse prend immédiatement toutes ses dispositions pour placer ses employés. Quelques jours après, on lui donne trois collègues avec la qualité d'inspecteurs généraux, et bientôt se présente à lui un maréchal de camp comme inspecteur général en chef. Celui-ci agissait en présence de ses collègues comme s'il eût été tout seul.

Dans une telle situation, le parti que devait prendre Lafosse n'était pas douteux : il devenait responsable de faits et d'actes qui n'étaient pas les

------

(1) Voir Note VII.
(2) Voir Note VIII.

siens ; des régiments avaient déjà adressé des plaintes au ministre sur les mauvaises qualités des remontes ; Lafosse crut de son devoir d'en avertir l'administration ; il reçut l'ordre de se rendre à Paris.

Alors, il rédigea un mémoire sur l'administration des remontes, et il le lut en conseil ; mais il fut bientôt obligé de donner sa démission, car un changement de ministère avait amené des lenteurs dans les résultats qu'il désirait d'obtenir.

Cette retraite volontaire et honorable de Lafosse ne devait pas durer long-temps. Il fut bientôt nommé inspecteur général en chef, en remplacement du maréchal de camp qui avait aussi donné sa démission.

Lafosse n'avait fait aucune démarche pour obtenir successivement ces deux places ; cependant il était toujours contrarié et calomnié sourdement, et ce n'était pas sans chagrin qu'il voyait toutes ces manœuvres s'opérer par ses propres employés dans le but de s'emparer de la position la plus élevée.

Tout ne devait pas s'arrêter là, et vous allez voir, Messieurs, le dernier effort, le dernier moyen auquel ces hommes eurent recours pour arriver à leur but.

Au mois de septembre 1793, on forma un comité de remontes ; Lafosse devint alors simple membre de ce comité. « En conséquence, dit-il, je ne me mêlai que de donner ma voix, et les choses, comme on le pense bien, n'allaient pas mieux, surtout ayant pour collègues *un ancien prieur des Chartreux, un perruquier, un valet de chambre, et un aboyeur de carrefours qui ne vivait qu'en contrefaisant le cri de plusieurs animaux, surtout celui des chats.* »

De quelle utilité pouvait être un comité de remontes ainsi composé ? Quelles mesures sérieuses pouvait-il proposer ? Et, dans le cas où il eût osé en proposer, sur quelles bases pouvait-il les faire reposer ? On ne peut comprendre aujourd'hui que ces hommes aient été assez dépourvus de honte pour accepter une semblable mission. Mais, je me trompe très-probablement, ils avaient une autre mission, ils se l'étaient donnée, et ils poursuivaient avec acharnement le résultat qu'ils voulaient obtenir : ce résultat, c'était la perte de Lafosse !

En effet, ces hommes ne reculèrent devant aucune accusation mensongère ; je dis mensongère, car toutes les informations qui furent prises furent toutes très-honorables pour Lafosse. On l'accusa d'avoir détourné de l'argent des caisses des dépôts de remontes ; il fut prouvé, au contraire, qu'il en avait avancé de ses propres deniers.

Comme on n'avait pu réussir en agissant ainsi, on employa un autre moyen : on fit insulter Lafosse par un homme qui était distributeur des fourrages au dépôt des remontes de Paris. Lafosse se défendit avec indignation contre l'accusation de cet homme, qui était, de plus, l'un des membres du comité révolutionnaire : il fut arrêté le même jour, à minuit, et conduit à la Force !

Dès ce moment, le résultat poursuivi est atteint ; Lafosse est écroué comme suspect ! Quel était donc son crime ?.... On l'accusait d'avoir donné de l'occupation à un homme qui avait émigré. Le fait était faux. Mais, à cette époque, il ne fallait pas plus d'une simple accusation, formulée par un homme placé dans une certaine condition, pour perdre ceux-là mêmes qui étaient les plus honorables.

Lafosse était détenu depuis onze mois et quatorze jours, lorsqu'il reçut sa lettre de mort ! Il devait monter sur l'échafaud le lendemain du jour de la mort de Robespierre (1) !

Lafosse ne dut pas son salut, comme le vénérable Chabert, à l'oubli que sollicita et obtint pour lui son disciple Girard ; il ne le dut qu'à la circonstance la plus fortuite (2) ! O malheureuses victimes de l'aveuglement et de l'égarement des hommes, que n'eûtes-vous le même bonheur que Lafosse !

Cette épreuve fut la dernière que Lafosse devait subir.

A partir de cette époque, Lafosse n'habita plus régulièrement Paris ; il continua cependant encore à s'occuper de quelques travaux scientifiques. On trouve, en effet, qu'il lut à l'Institut national un *Mémoire sur une maladie épizootique vaccinique dans le canton de Bray, qui a régné pendant l'été de l'an V, jusqu'à la fin de vendémiaire an VI.*

Plus tard, en l'an IX, il y lut encore deux mémoires : l'un *sur les avantages que l'on peut retirer de la section des ligaments aponévrotiques musculaires, en certaines circonstances,* et l'autre *sur l'usage de la châtaigne,* etc.

Ces deux mémoires sont intéressants.

Dans le premier, Lafosse a consigné un certain nombre de ses observations, a réfuté des erreurs, et a donné l'exemple d'une opération chirurgicale qui, d'après ce que je crois savoir, n'a été pratiquée qu'une seule fois depuis cette époque, par M. le professeur Délafond (3).

Quant au second mémoire, dans lequel Lafosse s'était proposé de faire connaître l'usage des productions cornées situées soit à la face interne de l'avant-bras, soit à la face interne du jarret, soit, enfin, à la partie postérieure du boulet, chez les chevaux, je dois dire que les déterminations de Lafosse ne sont pas heureuses, car il a fait de ces productions cornées le lieu principal de l'insertion des muscles sous-cutanés ou peauciers.

Depuis Lafosse, on a cherché d'autres interprétations. C'est ainsi, par

---

(1) Voir Note IX.
(2) Voir Note X.
(3) Voir Note XI.

exemple, que MM. Joly et Lavocat, déplaçant la châtaigne de la face interne de l'avant-bras pour la mettre à la face interne du genou, en ont fait le rudiment d'un pouce ou d'un cinquième doigt. C'est ainsi encore que M. Emmanuel Rousseau en a fait un caractère zoologique particulier (1). Nous ne pouvons entrer ici dans de plus longs détails à cet égard, mais nous croyons utile de rappeler une pensée que Lafosse a inscrite dans l'un de ses ouvrages : « *Le vrai sçavant reconnaît sans peine qu'il ignore bien des choses ;* « *cet aveu ne l'humilie point.* »

A ces différents mémoires, sur lesquels j'ai été obligé de passer rapidement, Lafosse ajouta des *Observations sur des ecchymoses gangréneuses, vulgairement appelées* MAUX D'AVENTURE, et réunit le tout en un volume qu'il publia en l'an IX sous le titre de : *Observations et découvertes d'hippiatrique.*

Depuis quelque temps déjà Lafosse avait vu se réaliser une de ses plus chères espérances, il avait été nommé membre associé de l'Institut national, dans le section d'économie rurale (mars 1796). Plus tard, cette honorable distinction ne suffisant plus à son ambition, il se mit sur les rangs pour en obtenir le titre de membre titulaire. A cet effet, il fit quelques démarches et obtint de M. Dedelay d'Agier (2), son ancien élève, qui était alors sénateur, une lettre que celui-ci adressait circulairement en sa faveur aux membres de l'Institut.

Lafosse comptait trop sur le succès que devait avoir une recommandation faite dans cette forme et dans cette condition ; il s'empressa de la faire imprimer, et il en obtint un résultat diamétralement opposé à celui qu'il en avait espéré.

En faisant l'histoire de la vie et des travaux de Lafosse, j'ai cherché à la présenter dans toute sa vérité et avec la plus grande impartialité : ne vous étonnez donc pas, Messieurs, de ce que je suis obligé d'ajouter pour accomplir ma tâche.

Les Ecoles vétérinaires, depuis leur fondation, avaient marqué leur utilité par des services rendus ; leur enseignement s'était accru, et les hommes qui s'en étaient faits les disciples d'abord, pour en devenir ensuite les apôtres, étaient, sous tous les rapports, dignes de la confiance publique. Cependant, Messieurs, Lafosse, qui depuis un certain nombre d'années était resté en apparence étranger au mouvement scientifique, publia en 1819 un dernier ouvrage : *Nouvelle théorie-pratique d'équitation.* On a dit, et je suis obligé de dire aussi que, « sous ce titre trompeur, Lafosse a masqué une diatribe contre les Ecoles vétérinaires, celle d'Alfort surtout, qu'il fau-

---

(1) Voir NOTE XII.
(2) Voir NOTE XIII.

drait juger avec sévérité, si les faiblesses d'un octogénaire ne méritaient pas quelque indulgence (1). »

Lafosse mourut au mois de juin 1820 ; il était âgé de quatre-vingt-deux ans (2).

Je vous ai exposé, Messieurs, le nombre des travaux accomplis par Lafosse, malgré toutes les difficultés qu'il a rencontrées ; j'ai cherché, en même temps, à vous en faire apprécier le mérite et l'importance ; enfin, je me suis efforcé, en restant toujours dans les limites les plus étroites de l'impartialité absolue, d'attribuer à Lafosse la part qui lui revient dans la création de la médecine vétérinaire en France. Il ne me reste plus maintenant que quelques mots à ajouter, et que je crois devoir adresser surtout aux élèves des Ecoles vétérinaires, qui doivent trouver un enseignement dans l'histoire de la vie et des travaux de Lafosse.

Nous sommes loin déjà de l'époque de l'institution des Ecoles vétérinaires. L'enseignement dont ces établissements sont le théâtre y a acquis, depuis longtemps aussi, la spécialité, la diversité et l'étendue qu'il devait avoir pour former les élèves à la pratique. Aujourd'hui, pour arriver au but, il n'y a plus à parcourir de ces longs détours dont j'ai parlé précédemment ; au contraire, la route est directe, et l'on trouve réunis dans les Ecoles vétérinaires l'enseignement théorique, les exercices pratiques, en un mot, tous les moyens d'instruction nécessaires et indispensables. Aussi, qu'ils profitent du temps qu'ils passent dans les Ecoles, et qu'ils se préparent par des études sérieuses à mériter la confiance de leurs concitoyens !

Enfin, qu'ils n'oublient pas, en considérant les travaux de leurs devanciers, qu'il reste encore beaucoup d'applications utiles à faire et un grand nombre de vérités à découvrir !

NOTES.

Note I.

L'aïeul de Lafosse est mort en 1753.

Note II.

Etienne–Guillaume Lafosse a publié :

1° *Mémoire sur le véritable siége de la morve.* — Ce travail, qui a été adressé à l'Académie des sciences en 1749, a été imprimé la même année, et traduit en anglais par Bracken.

2° *Mémoire sur la morve.* — Ce nouveau travail a été remis à l'Académie des sciences en janvier 1750.

---

(1) Voir Note XIV.
(2) Voir Note XV.

3º *Sur les moyens d'arrêter les hémorrhagies par la poudre de lycoperdon.* (Académie des sciences, janvier 1750.)

Ces deux derniers mémoires ont été l'objet d'un rapport dans la séance du 23 décembre 1750.

4º *Mémoire sur la morve.* (Académie des sciences, 1752.)

5º *Nouvelle pratique de ferrer les chevaux de selle et de carrosse.* (1756–1758.)

Il est mort le 24 janvier 1765.

NOTE III.

Ce travail a été attribué à Etienne-Guillaume Lafosse (voyez *Notice sur Bourgelat,* par Grognier, p. 7). Dans le *Guide du maréchal* (p. 73), Philippe-Etienne l'a aussi attribué à son père. Mais on trouve à l'article ANTHRAX du *Dictionnaire d'hippiatrique* que Etienne-Guillaume n'a fait que répéter les expériences, en présence de la commission qui avait été nommée par l'Académie des sciences, parce que son fils, Philippe-Etienne, avait été obligé de partir pour l'armée.

NOTE IV.

Buffon termine la description du cheval par le paragraphe suivant :

« Je ne parlerai pas des autres maladies des chevaux, ce serait trop étendre l'histoire naturelle que de joindre à l'histoire d'un animal celle de ses maladies ; cependant je ne puis terminer l'histoire du cheval, sans marquer quelques regrets de ce que la santé de cet animal utile et précieux a été jusqu'à présent abandonnée aux soins et à la pratique, souvent aveugles, de gens sans connaissance et sans lettres. La médecine que les anciens ont appelée *médecine vétérinaire* n'est presque connue que de nom : je suis persuadé que, si quelque médecin tournait ses vues de ce côté-là, et faisait de cette étude son principal objet, il en serait bientôt dédommagé par d'amples succès ; que non-seulement il s'enrichirait, mais même qu'au lieu de se dégrader il s'illustrerait beaucoup, et cette médecine ne serait pas si conjecturale et si difficile que l'autre : la nourriture, les mœurs, l'influence du sentiment, toutes les causes en un mot étant plus simples dans l'animal que dans l'homme, les maladies doivent aussi être moins compliquées, et par conséquent plus faciles à juger et à traiter avec succès ; sans compter la liberté qu'on aurait tout entière de faire des expériences, de tenter de nouveaux remèdes, et de pouvoir arriver sans crainte et sans reproches à une grande étendue de connaissances en ce genre, dont on pourrait même par analogie tirer des inductions utiles à l'art de guérir les hommes. » (*Histoire naturelle générale et particulière, avec la description du cabinet du roi* ; Paris, imprimerie royale, édition in-4º, MDCCLIII, t. IV, p. 256.)

NOTE V.

Plusieurs auteurs ont donné la biographie de Philippe-Etienne Lafosse. Voyez les ouvrages suivants :

1º *Notice historique et raisonnée sur C. Bourgelat* ; par L.-F. Grognier. Lyon, 1805, p. 20.

2º *Annuaire nécrologique,* ou *Supplément annuel et continuation de toutes les biographies,* ou *Dictionnaire historique* ; rédigé et publié par Mahul. 1re année, Paris, 1820, p. 131.

3º *Dictionnaire des sciences médicales* (en 60 volumes). Voir *Biographie médicale,* t. V, année 1822. Cet ouvrage contient les biographies des Lafosse père et fils. (Article du baron Desgenettes.)

4º *Biographie universelle* ou *Dictionnaire historique* ; par une société de gens de lettres, de professeurs et de biographes. Paris, 1823, t. III, p. 1069.

5º *Biographie universelle et portative des contemporains* ou *Dictionnaire historique des hommes vivants et des hommes morts depuis 1788 jusqu'à nos jours* ; publié sous la direction de MM. Rabbe, Vieilh de Boisjolin et Sainte-Preuve. Paris, 1836, t. III,

p. 72. (D'après M. Hédouin de Pons Ludon, savant bibliophile, de Reims, ce livre est une édition rafraîchie de celle de 1827.)

6° *Biographie universelle ancienne et moderne. Supplément ou suite de l'histoire, par ordre alphabétique, de la vie publique et privée de tous les hommes qui se sont fait remarquer par leurs écrits, leurs actions, leurs talents, leurs vertus ou leurs crimes.* Ouvrage entièrement neuf, par une société de gens de lettres et de savants, t. LXIX, Paris, 1841, p. 425. (Article de Jourdan.)

Le même ouvrage contient la biographie d'Etienne-Guillaume Lafosse ; t. XXIII, p. 142.

NOTE VI.

« ......Bourgelat poussait le despotisme littéraire au point de ne permettre à ses élèves, à quelques dictionnaires près, l'usage d'aucun autre ouvrage que des siens ; il faisait lui-même des visites fréquentes à ce sujet, et séquestrait impitoyablement tout ce qui n'était pas de lui, sous le spécieux prétexte d'empêcher les élèves de se livrer à des théories vaines, et de s'occuper de toute autre étude que de celle de l'art. (Extrait d'un *Rapport fait au comité d'agriculture et des arts de la Convention nationale le 28 nivôse an III par la commission d'agriculture et des arts, sur l'organisation des Ecoles vétérinaires ;* rédigé par MM. Gilbert et Huzard, membres de cette commission.) — Voyez *Instructions vétérinaires*, t. VI, p. 44. ·

NOTE VII.

Plusieurs biographes rapportent ce qui suit :

« Ayant eu constamment à se plaindre de l'autorité, Lafosse fut, le 14 juillet 1789, un des premiers à se porter sur le dépôt d'armes des Invalides et à marcher contre la Bastille ; il fut commandant de section, officier municipal et membre du comité militaire, où il travailla principalement à l'organisation de la garde nationale. »

NOTE VIII.

Lafosse est l'inventeur du cathétérisme des poches gutturales. M. Günther a eu seulement la même idée. (Voyez *Rapport* de M. Bouley aîné ; séance de la Société vétérinaire, 11 juin 1846.) J'avais déjà rappelé que cette découverte appartient à Lafosse. Voyez mon *Rapport sur les collections des poches gutturales*, lu à la Société vétérinaire le 20 décembre 1849. (*Recueil de médecine vétérinaire*, année 1850, p. 195.)

NOTE IX.

Lafosse devait monter sur l'échafaud le 29 juillet 1794.

NOTE X.

C'est à tort que dans plusieurs biographies on a dit ce qui suit : « Les haines exaspérées et les délations des dilapidateurs l'assaillirent, et il fût probablement monté sur l'échafaud vers la fin de 1793, *sans le généreux appui que lui prêta son parent et son ami, M. Huzard*, aujourd'hui digne inspecteur général de nos Ecoles vétérinaires et d'économie rurale. » (Extrait de la Biographie de Philippe-Etienne Lafosse par le baron Desgenettes.)

NOTE XI.

Il s'agit de la seution du muscle *fascia lata*. Voyez *Compte rendu de l'Ecole d'Alfort pour l'année scolaire 1843-1844, chaire de pathologie.* (*Recueil de médecine vétérinaire*, année 1844, p. 572.) J'avais déjà rappelé que cette opération avait été d'abord pratiquée par Lafosse. Voyez mon *Rapport sur la contracture pelvienne*, lu à la Société impériale et centrale de médecine vétérinaire dans la séance du 26 mai 1853. (*Recueil de médecine vétérinaire*, année 1853, p. 763.)

NOTE XII.

1° MM. Joly et Lavocat, — *Etudes d'anatomie philosophique sur la main et le pied*

de l'homme, et sur les extrémités des mammifères, ramenés au type pentadactyle.
(Comptes rendus hebdomadaires des séances de l'Académie des sciences, n° 12, séance
du 20 septembre 1852, p. 338.)

2° Arm. Goubaux, — *De la pentadactylie chez les animaux domestiques.* Mémoire
lu à la Société nationale et centrale de médecine vétérinaire dans la séance du 9 décembre 1852. (*Recueil de médecine vétérinaire*, année 1853, p. 243.

3° M. Emmanuel Rousseau, — *Des châtaignes et plaques épidermiques particulières
aux solipèdes, et de quelques appareils externes propres à certains ruminants.* Bro-
chure in-4°, avec planches ; Paris, 1852. (Extrait de la *Revue et magasin de zoologie*,
novembre 1852, n° 11.

Note XIII.

M. Dedelay d'Agier a publié un volume sous le titre de *Prospectus d'un cours complet d'hippotomie ou anatomie du cheval, et de pathologie avec un abrégé d'hippiatrique ;*
in-8°, Nancy, 1778.

Note XIV.

Lafosse avait déjà publié en 1790 un *Mémoire sur l'Ecole d'Alfort*, et l'avait adressé
à l'Assemblée nationale.

Note XV.

Les auteurs qui ont publié la biographie de Lafosse disent que sa mort eut lieu
à Villeneuve-sur-Yonne. Les recherches que j'ai faites n'ont pas confirmé cette assertion.

LISTE DES TRAVAUX DE PHILIPPE-ÉTIENNE LAFOSSE.

Philippe-Etienne Lafosse a publié :

1° *Mémoire sur la morsure de la musaraigne.* Lu à l'Académie des sciences le 23 décembre 1757.

2° *Dissertation sur la morve des chevaux.* Lu à l'Académie des sciences en avril
1761.

3° *Guide du maréchal.* In-4°, Paris, 1766. — Réimprimé à Paris en 1767, 1771,
1789, 1792, 1817 et 1822. — Réimpressions ou contrefaçons en 1795, 1798, 1800
et 1803. (Notes bibliographiques de Jourdan.)

4° *Les clavicules du cheval.* Deux planches gravées sur papier grand-aigle : l'une
représente l'anatomie et l'autre la pathologie. Paris, 1768.

5° *Cours d'hippiatrique.* In-folio avec 65 planches gravées, 1772.

6° *Mémoire sur les maladies épizootiques.* Inséré dans la *Gazette d'agriculture de
Deux-Ponts*, année 1774, folio 64.

7° *Dictionnaire raisonné d'hippiatrique, cavalerie, manège et maréchalerie.* Paris,
1775 et 1776 ; 2 volumes in-4°. Bruxelles, 1776 ; 4 volumes in-4°.

8° *Manuel d'hippiatrique à l'usage des officiers de cavalerie, possesseurs et amateurs
de chevaux, et principalement des maréchaux de régiment.* — Je n'ai pu savoir au
juste la date de la publication de cet ouvrage. J'ai entre les mains un exemplaire de
sa deuxième édition, qui est datée de 1779. Dans les biographies on indique les
dates suivantes : Nancy, 1787 ; Paris. 1803, 1812 et 1824. Cette dernière édition est
accompagnée de notes par M. U. Leblanc. — Je ne me suis pas occupé de cet ouvrage
en particulier, parce qu'il ne diffère des autres travaux de l'auteur sur le même sujet

que par la forme nouvelle sous laquelle il a présenté les matières dont il se compose.

9° *Observations sur l'accouchement de la jument.* Mémoire lu à l'Académie royale des sciences le 25 juillet 1788.

10° *Observations et découvertes d'un nouveau siége de la morve.* Mémoire lu à la Société d'agriculture le 21 janvier 1790.

11° *Mémoire sur l'Ecole royale vétérinaire d'Alfort; raisons de l'inutilité de cet établissement, et moyens de le remplacer avec beaucoup d'économie pour l'Etat.* Paris, 1790; in-8° de 16 pages; de l'imprimerie de Potier, de Lille.

12° *Mémoire sur la cavalerie, présenté au comité militaire de l'Assemblée nationale.* In-4 de 4 pages; Paris, 1790.

13° *Moyens d'exécution du plan présenté à l'Assemblée nationale, par Lafosse, pour l'établissement d'une Ecole vétérinaire à Paris, en remplacement de celle d'Alfort.* In-8° de 8 pages.

14° *Mémoire sur une maladie épizootique vaccinique dans le canton de Bray, qui a régné pendant l'été de l'an V jusqu'à la fin de vendémiaire an VI.* Lu en vendémiaire an VI, à l'Institut national.

15° *Mémoire sur les avantages que l'on peut retirer de la section des ligaments aponévrotiques musculaires, en certaines circonstances.* Lu à l'Institut national en frimaire an IX.

16° *Sur l'usage de la châtaigne ou portion de corne qui se trouve en dedans de l'avant-bras du cheval, près le genou, et en dedans du canon de la jambe de derrière au-dessous du jarret; et de l'ergot, autre portion de corne, située derrière le boulet, au centre du fanon.* Lu à l'Institut national en pluviôse an IX.

17° *Observations sur les ecchymoses gangréneuses vulgairement appelées* MAUX D'AVENTURE.

18° Lafosse a rédigé des articles pour le *Cours complet* ou *Dictionnaire universel d'agriculture pratique, d'économie rurale et domestique, et de médecine des animaux;* par l'abbé Rozier. (6 volumes in-8°; Paris, 1809.) — D'après une indication placée à la fin du tome II de la *Correspondance sur la conservation et l'amélioration des animaux domestiques;* par Fromage de Feugré, voici quels sont ces articles : *Ankylose, Anthrax, Aphthes, Arqué, Cataracte, Cautérisation, Eparvin sec, Epilepsie, Morve, Musaraigne, Pieds (soins dans la ferrure), Piqûre, Plaies des animaux, Tétanos.*

19° *Nouvelle théorie-pratique d'équitation;* 1 vol. in-8°; Paris, 1819.

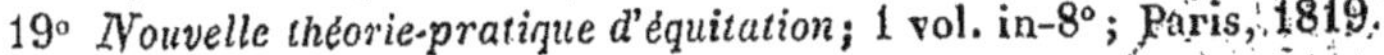

PARIS. — Typographie de EUGÈNE PENAUD, 10, rue du Faubourg-Montmartre.